VENTE

DES

MERCREDI 13 MAI ET JEUDI 14 MAI 1908

HOTEL DROUOT — SALLE N° 11

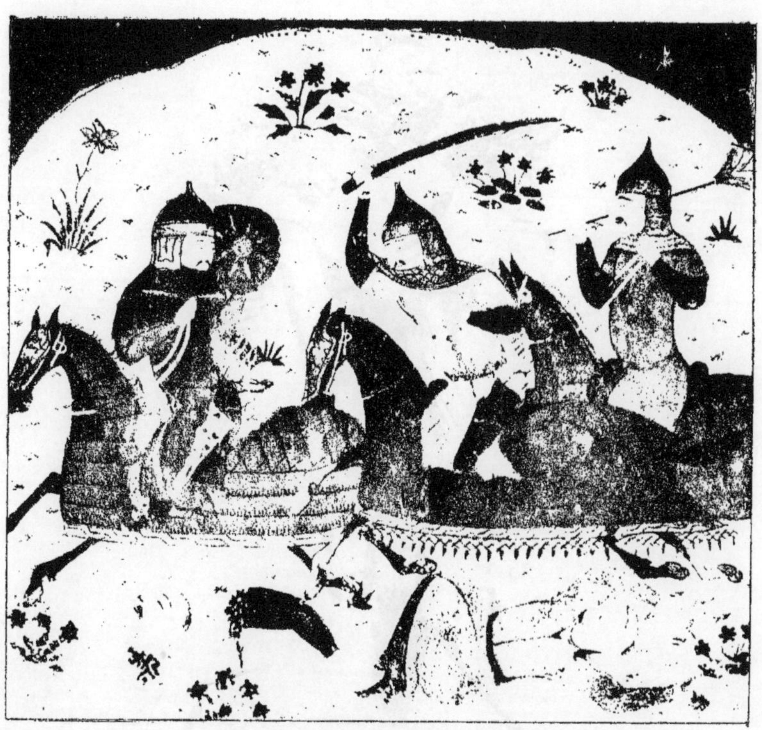

MANUSCRITS — LIVRES RARES

TABLEAUX ANCIENS & MODERNES — OBJETS D'ART

Commissaire-Priseur : M^e [illegible] NORMAND, [illegible] rue de la Victoire

Expert pour les Manuscrits et les Livres

M. [illegible] DU MAY, [illegible] rue Saint-Georges

Experts pour les Tableaux et Objets d'Art

M. Jules FERAL — MM. PAULME et B. LASQUIN fils

[illegible] rue Saint-Georges — [illegible] rue Chauchat, [illegible] rue Laffitte, [illegible]

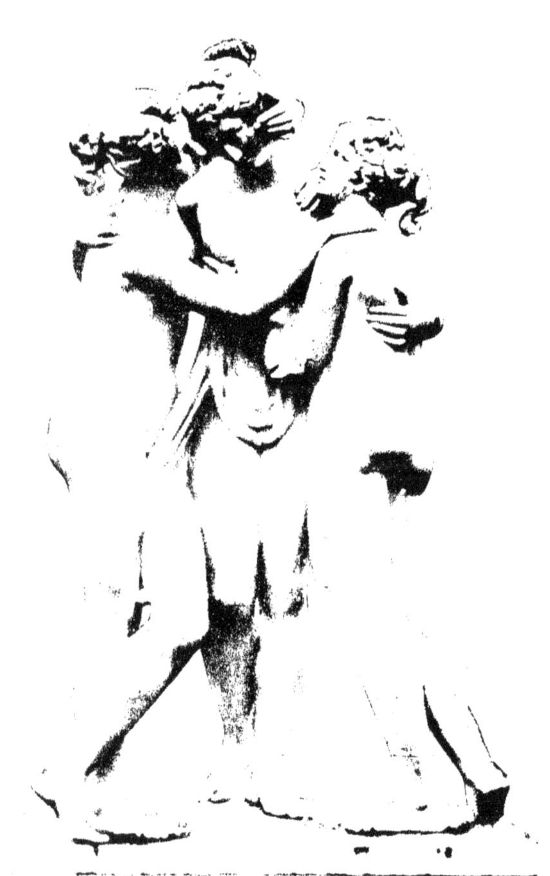

N° [illegible] du Catalogue Marbres

IMPRIMERIE
C. CHAUFOUR
8-10, RUE MILTON
PARIS

VENTE

des Mercredi 13 et Jeudi 14 Mai 1908

A DEUX HEURES

HOTEL DROUOT – SALLE N° 11

CATALOGUE

DE

Vingt-Cinq

MANUSCRITS PERSANS

Richement Ornés de Miniatures

LIVRES RARES & CURIEUX

la plupart reliés en Maroquin Ancien

RELIURES ARMORIÉES

Tableaux Anciens et Modernes

PAR, D'APRÈS OU ATTRIBUÉS A :

Van Ceulen, Callet, H. J. Delpy, Darjou, Français, Fragonard
Hobbéma, Van Kessel, Longuet, Luminais, Martin, Mignard
Muller, Murillo, Van der Neer, Van Ostade, Oudry, Palamède
Panini, Rubens, Ruysdaël
Ary Scheffer, Velasquez, Vollon, Washington, Winkebooms, etc.
des Écoles Françaises, Flamande, Italienne, Moderne, etc.

Important Groupe en Marbre Blanc

OBJETS D'ART — BRONZES

Sculptures par CARRIER-BELLEUSE

DONT LA VENTE AUX ENCHÈRES PUBLIQUES AURA LIEU

HOTEL DROUOT — SALLE N° 11

LES MERCREDI 13 & JEUDI 14 MAI 1908

A DEUX HEURES

Par le ministère de Me GEORGES NORMAND, Commissaire-Priseur
41, Rue de la Victoire, 41

ASSISTÉ :

POUR LES MANUSCRITS ET LES LIVRES, DE

M. Albert DU MAY, Expert-Libraire, 14 *bis, rue Saint-Georges*

POUR LES TABLEAUX ET OBJETS D'ART, DE

M. J. FÉRAL, Expert, 7, *Rue Saint-Georges*

ET DE

M. PAULME, Expert
10, Rue Chauchat

M. B. LASQUIN Fils, Expert
12, Rue Laffitte

EXPOSITION PUBLIQUE :

Le Mardi 12 Mai 1908, de 1 heure 1/2 à 5 heures 1/2

CONDITIONS DE LA VENTE

La vente sera faite au comptant.

Les acquéreurs paieront *dix pour cent* en sus des enchères

MM. les Experts chargés de la vente rempliront, aux conditions d'usage, les ordres qui leur seront transmis.

L'exposition publique mettant les acheteurs à même de se rendre compte de l'état des Manuscrits, Livres, Tableaux et Objets d'art, aucune réclamation ne sera admise une fois l'adjudication prononcée.

ORDRE DES VACATIONS

Le Mercredi 13 Mai 1908

1° — Livres.......................... Nos 1 à 67
2° — Manuscrits.......................... Nos 1 à 25

Le Jeudi 14 Mai 1908

1° — Tableaux.......................... Nos 1 à 60
2° — Objets d'art.......................... Nos 1 à 7

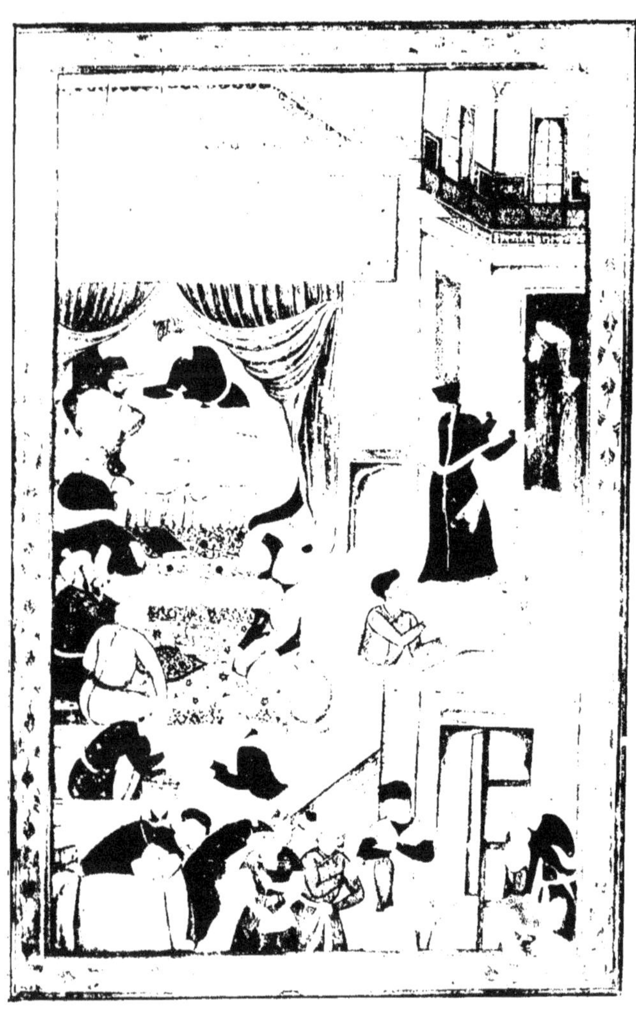

L'une des 34 Miniatures du Manuscrit n° 25

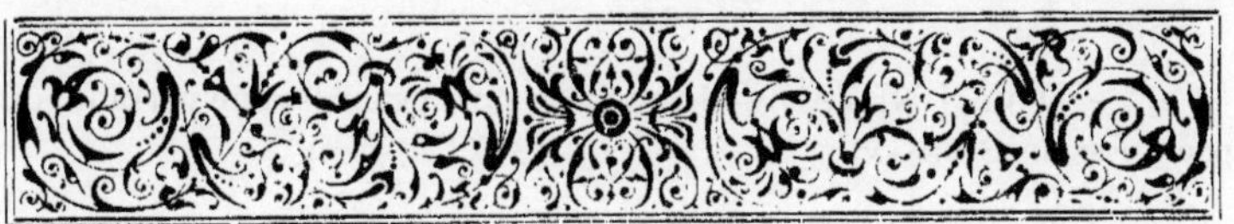

MANUSCRITS

N.-B. — Les Manuscrits étant présumés énoncés et décrits avec le plus grand soin, l'adjudication ne pourra être annulée pour fautes ou imperfections de description ni pour aucune autre cause que ce soit.

1. — TIMOUR-NAMEH. — Histoire en vers persans du monarque tartare TAMERLAN, dit EMIR-TIMOUR, par le poète AHMED-KÉRAMI.

Ce poème est le plus célèbre de ceux qui ont été composés à l'occasion des victoires d'*Emir-Timour*. Il fut longtemps attribué, par erreur, à *Abdallah*, surnommé *Hatifi*, poète persan qui composa un poème intitulé *Dhafer-Nameh (le livre de la victoire)* dont *Pétis de la Croix* a fait une traduction française.

1 vol. in-8° (14 × 25) de 308 ff. — Reliure persane du XVIe siècle, plats en laque, ornés (recto et verso) de jolis bouquets de fleurs d'un brillant coloris, encadrements formés d'un liseré composé d'une multitude de petites fleurettes du plus gracieux effet.

Précieux manuscrit, sur papier fin du Japon, parcheminé et légèrement teinté. Écrit vers l'an 962 de l'Hégire (1560) par *Ibrahim Zerguer*, surnommé l'Orfèvre. Belle écriture *Talik* disposée sur 2 colonnes à la page dans un fort joli encadrement bleu rehaussé de filets d'or.

Trente-six miniatures de dimensions variées, d'une finesse d'exécution remarquable et d'un puissant coloris. *Les miniatures contenues dans la 1re partie de ce manuscrit tiennent chacune, pour la plupart, une page entière de scènes.* 4 sujets fleurs et oiseaux. *Superbe titre* formant frontispice et tenant 2 ff. entiers. En tête comprenant le titre général, fleurons, culs-de-lampe, etc., formés de motifs d'ornements sur fond lapis-lazuli rehaussé d'or.

Sauf 6 miniatures sensiblement endommagées, l'ensemble de ce manuscrit est en très bon état de conservation.

2. — DIVAN NEVAÏ. — Recueil de poésies en langue persane, du poète ESSEÏD RAHMAN.

1 vol. in-8° (16×26) de 178 ff. — Reliure en maroquin écrasé du levant (ton La Vallière), à recouvrement porte-feuille, ornements (rosaces) gaufrés, sur les plats de la reliure.

Très beau manuscrit, sur papier fort du Japon, parcheminé et légèrement teinté. Ecrit vers l'an 990 de l'Hégire (1588) par le célèbre calligraphe *Tjélebi Yulkaïni*. Belle écriture *Talik* disposée sur 2 colonnes à la page dans un fort joli encadrement bleu rehaussé de filets d'or.

Six miniatures de dimensions variées, très finement exécutées représentant des scènes de la vie persane. *Superbe titre* tenant 2 ff. entiers et formant frontispice composé de motifs d'ornements sur fond lapis-lazuli rehaussé d'or.

Sauf 2 miniatures sensiblement endommagées, l'ensemble de ce manuscrit est en très bon état de conservation.

3. — LES AMOURS DE LEILA ET MEDJNOUN. — Recueil de poésies en langue persane, du poète NIZAMI surnommé CANDJÉWI (du nom de la ville de Candjéh où il est né).

1 vol. in-8° (17 × 29) de 250 ff. — Reliure en maroquin rouge (patiné).

Très beau manuscrit, sur papier fort du Japon, légèrement teinté. Écrit vers l'an 990 de l'Hégire (1588) par *Laoul l'Imelek*. Belle écriture *Talik* disposée sur 4 colonnes à la page dans un encadrement bleu rehaussé de filets d'or.

Seize miniatures de dimensions variées, d'une très grande finesse d'exécution et d'une fraîcheur de coloris extraordinaire, représentant des scènes remarquablement composées où les personnages sont étonnamment expressifs *(une des miniatures est encadrée d'ornements représentant des arbres, des fleurs, des oiseaux)*. *Superbe titre* tenant 2 ff. entiers formant frontispice, un très bel en-tête de chapître, fleurons, culs-de-lampe, etc. formés de motifs d'ornements sur fond lapis-lazuli rehaussé d'or.

Ex-libris de Osman Han.

Sauf quelques mouillures dans le texte et 2 miniatures endommagées, l'ensemble de ce manuscrit est en très bon état de conservation.

4. — DIVAN ou Recueil de poésies persanes de HAFIZ (*Mohammed-Chems-Eddyn*), un des plus célèbres poètes persans qui par la grâce de ses poèmes et par la licence de ses ouvrages fut appelé CHEKERLEB c'est-à-dire *La lèvre de sucre*.

Hafiz peut être considéré comme l'*Anacréon* de la Perse, car ainsi que le poète grec, il a chanté le vin et l'amour. Son *Divan* ou recueil de poésies contient 571 odes ou ghazels et fut publié à *Calcutta* en 1791 (*1 vol. in-f°, texte persan*). Depuis, il a été fait de nombreuses traductions partielles en latin, en anglais et en français.

1 vol. in-8° (13 × 20) de 220 ff. — Reliure ancienne en maroquin noir à recouvrement porte-feuille, ornée d'arabesques et d'ornements mosaïques d'un très bel effet. L'intérieur des plats de la reliure est doublé de maroquin rouge (patiné rehaussé de filets d'or formant encadrement.

Manuscrit, sur papier fort du Japon, nuancé rose et jaune. Écrit vers l'an 884 de l'Hégire (1482) par *Ali Nébïyé*. Belle écriture *Talik* disposée sur 2 colonnes à la page dans un encadrement à filet bleu rehaussé d'un liseré d'or.

Sept miniatures de dimensions variées *(très bien exécutées)*, représentant des scènes de la vie persane. *Huit feuillets* décorés d'arabesques de toute beauté *(comme composition)*, et *cinq en-têtes* ou titres de chapitres d'un coloris intense ornent ce manuscrit *en très bon état de conservation*.

5. — ANTHOS LÊGO ou Recueil anthologique de poésies en langue persane.

1 vol. in-f° (30 × 43) de 38 ff. — Reliure persane du XVIII° siècle, plats en laque, ornés au recto de scènes curieusement composées, d'une tonalité extraordinaire, pleines de vie et d'expression.

Ce sont de véritables tableaux dont le coloris spécial imprime le cachet de séduction propre aux Orientaux. *Le verso des plats, en laque rouge, est décoré de bouquets de fleurs dans de forts jolis motifs d'ornements*. Quelques endroits sont écaillés, mais facilement réparables.

Manuscrit provenant de la Bibliothèque de Sa Majesté le *Khan Mehemed Hader*, écrit par *Aboul-Hazi* sur papier fin du Japon, parcheminé et légèrement teinté. Le texte, de format in-8°, est entouré d'ornements, arabesques, rinceaux, etc., formant encadrement sur fond de couleurs différentes, chiné d'or et d'argent, le tout remonté sur papier fort du Japon, formant marges blanches. Le remontage a été très habilement dissimulé par un double filet d'or. *Une miniature* légèrement effacée forme titre d'un chapitre.

L'ensemble de ce manuscrit est en bon état de conservation.

6. — YOUSSOUFF et ZULEIKHA. — Poème persan.

1 vol. in-12 (13×22) de 143 ff. — Reliure persane du XVII° siècle, plats en laque, ornés (recto et verso de jolis bouquets de fleurs d'un très beau coloris.

Manuscrit sur papier fort du Japon, parcheminé et légèrement teinté, rehaussé d'un fond d'or chiné. Ecrit vers l'an 1050 de l'Hégire (1648). Très belle écriture disposée sur 2 colonnes à la page dans un encadrement à double filet d'or.

Sept miniatures (tenant les pages entières et leurs marges), d'une parfaite exécution au point de vue de l'art indo-persan. *En-tête* comprenant le titre général et formant des motifs d'ornements du plus gracieux effet sur fond lapis-lazuli rehaussé d'or.

L'ensemble de ce manuscrit est en bon **état de conservation.**

7. — KITAB EL GYRAN EL HABACHI. Le livre de la conjonction abyssine en langue persane, attribuée à ABOU-TAHIR-BEN-HUSSEIN-BEN-MOHAMED-EL-TORTOUCHI. Recueil dans lequel se trouve : SEIF-EL-MULOUK, L'HISTOIRE DU PRINCE DE KHORAÇAN, L'HISTOIRE DE LEIN-EL-OSMAN, un extrait de MERZUBAN NAMEH (le livre des Satrapes), etc.

1 vol. in-12 (15×21) de 228 ff. — Reliure en veau (état médiocre).

Manuscrit sur papier fin du Japon, parcheminé et légèrement teinté. Ecrit en persan vers l'an 820 de l'Hégire (1418). Belle écriture disposée sur une colonne à la page, entourée d'un double filet d'or la séparant de notes, commentaires et annotations marginales. *Treize inscriptions kufiques sur fond lapis-lazuli rehaussé d'or.*

Vingt-et-une miniatures de dimensions variées (*Scènes de guerre, de chasse, etc.*). En-têtes de chapitres, fleurons, culs-de-lampe formant des motifs d'ornements du plus heureux effet.

Ce manuscrit extrêmement précieux est malheureusement dans un mauvais état de conservation. Les miniatures sont presque toutes endommagées et de nombreuses pages de texte ont été lacérées.

8. — SILSILE ELSEHEB. — YOUSSOUFF et ZULEIKHA. Contes persans.

1 vol. in-8° (18×26) de 312 ff. — Reliure ancienne, plats en laque, ornés (recto et verso) de jolis bouquets de fleurs d'un très beau coloris.

Manuscrit sur papier du Japon, parcheminé et légèrement teinté. Ecrit vers l'an 886 de l'Hégire (1484). Très belle écriture *Talik* disposée sur 4 colonnes à la page, dans un encadrement à double filet bleu rehaussé d'or.

Treize grandes miniatures (dont malheureusement les figures des personnages ont été presque toutes effacées). Superbe titre tenant 2 ff. entiers et formant frontispice, *neuf* en-têtes de chapitres composés d'arabesques, de rinceaux et de motifs d'ornements de toute beauté (*parfait état de conservation*).

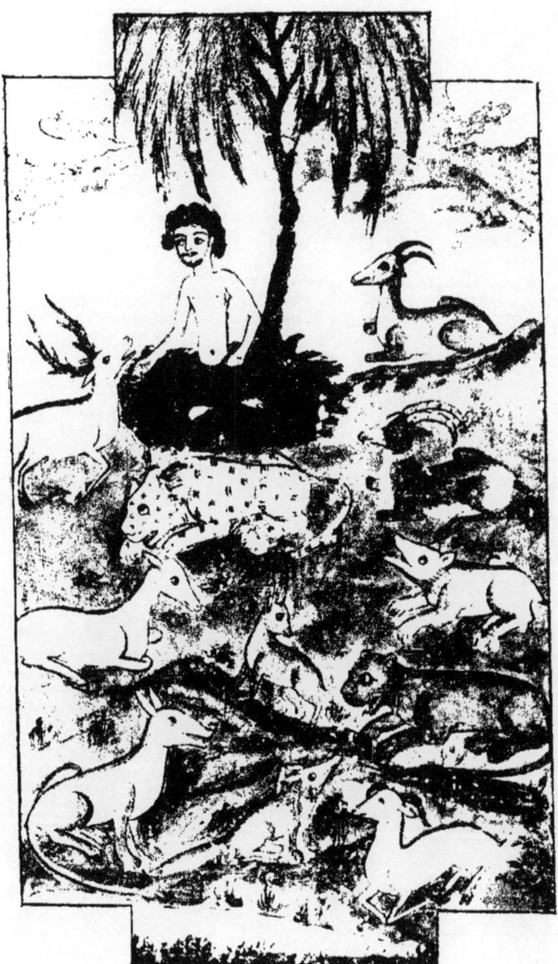

L'une des [illegible] Miniatures du Manuscrit [illegible]

9. — MARIFET NAMEH. — Le livre de la science par IBRAHIM HADJI.

1 vol. in-8° (13×23) de 300 ff. — Reliure du XIXe siècle en maroquin écrasé (rouge patiné), à recouvrement porte-feuille. Ornements gaufrés sur les plats. Tranches dorées.

Manuscrit sur papier fin du Japon, parcheminé et légèrement teinté. Ecrit vers l'an 1245 de l'Hégire (1833) par *Khalil-el-Yasarî-Asyabi-Zadeh*. Belle ecriture arabe disposée sur une colonne à la page dans un encadrement à double filet incarnat rehaussé d'or, la séparant de notes, commentaires et annotations marginales.

Quatorze figures cosmographiques, géographiques et géométriques d'une parfaite et savante exécution. *Superbe titre* tenant 2 ff. entiers et formant frontispice, véritable merveille de composition ornementale. *Douze en-têtes*, fleurons variés, culs-de-lampe, etc., formant des motifs d'ornements, d'une finesse, d'un fini et d'un coloris extraordinaires.

Manuscrit en parfait état de conservation.

10. — ANTHOS LÈGO ou Recueil anthologique de poésies en langue persane.

1 vol. in-12 (12×23) de 90 ff. — Reliure en maroquin rouge (patiné). Ornements gaufrés sur les plats.

Manuscrit sur papier fin du Japon, parcheminé et légèrement teinté. Belle écriture disposée sur 2 colonnes à la page dans un encadrement à double filet d'or.

Sept miniatures de dimensions variées (*Scènes de la vie persane*). *En-tête* en lapis-lazuli sur fond d'or.

Manuscrit en bon état de conservation.

11 — YUSREFF USURIN-LEÏLA et MEDJNOUN HEFTI PEKER. — Recueil de contes et poésies en langue persane.

1 vol. in-8° (18×29) de 500 ff. — Reliure maroquin noir à grains. Ornements aux coins e au milieu des plats. (Reliure fatiguée.)

Manuscrit sur papier fin du Japon, parcheminé et légèrement teinté. Belle écriture *Talik* disposée sur 4 colonnes à la page dans un encadrement à filets bleu turquoise rehaussés d'or.

Trente Miniatures de dimensions variées représentant des scènes de combat de chasse, etc. *En-tête* formant frontispice et tenant 2 ff. entiers donnant des motifs d'ornements d'un très gracieux effet.

Sauf quelques ff. de texte remontés et 5 miniatures légèrement endommagées, ce manuscrit est en bon état de conservation.

12. — LES ŒUVRES COMPLÈTES DE SAADI, le plus célèbre des poètes persans surnommé la *salière des poètes*. Recueil renfermant : LE GULISTAN (*recueil en vers et en prose de préceptes moraux, d'épigrammes, d'anecdotes piquantes*), LE BOSTAN (*recueil du même genre mais tout en vers*), LE PEND-NAMEH, LE LIVRE DES CONSEILS AUX ROIS (*poèmes moraux écrits en prose.*

Les œuvres de ce poète ont été traduites en plusieurs langues et notamment en français par *André Duryer* sous le titre de *Gulistan* ou *l'Empire des Roses* (*Paris, 1634, in-12*).

1 vol. in-8° (14×24) de 350 ff. — Reliure ancienne, plats en laque, ornés (recto et verso) de olis bouquets de fleurs d'un très-brillant coloris.

Très beau manuscrit sur papier fin du Japon, parcheminé et légèrement teinté. Belle écriture courante *Chikesté* disposée sur 2 colonnes à la page dans un encadrement bleu turquoise rehaussé de filets d'or, la séparant de notes, commentaires et annotations marginales.

Douze très belles miniatures entourées de fleurs, rinceaux, etc. représentant des scènes de la vie privée persane (*3 miniatures extrêmement libres et d'une finesse d'exécution absolument remarquable*). *Titre formant frontispice* et tenant 2 ff. entiers composé d'ornements variés sur fond incarnat rehaussé d'or. En-têtes de chapitres, fleurons, culs-de-lampe, etc., en ornements dorés.

Plusieurs en-têtes ainsi que quelques miniatures ont été sensiblement endommagés, néanmoins ce manuscrit est encore en bon état de conservation.

13. — ANTHOS LÈGO ou Recueil anthologique des œuvres poétiques du poète persan BAKI.

1 vol. in-8° (16×25) de 126 ff. — Reliure en maroquin brun, poli, à recouvrement portefeuille. Ornements gaufrés sur les plats. (Reliure fatiguée.)

Manuscrit sur papier fort du Japon, teinté rose et chiné or. Belle écriture *Talik* disposée sur 2 colonnes à la page dans un encadrement à double filet d'or la séparant de notes, commentaires et annotations marginales.

Très bel en-tête formant frontispice et tenant 2 ff. entiers. Splendides motifs d'ornements sur fond lapis-lazuli rehaussé d'or.

Manuscrit en bon état de conservation.

14. — YOUSSOUFF et ZULEIKHA. — Poème persan.

1 vol. in-12 (13×23) de 67 ff. — Reliure en velours vert encadré d'un liseré en maroquin rouge rehaussé de filets dorés.

Manuscrit sur papier fin du Japon, légèrement teinté et parcheminé. Ecrit vers l'an 1060 de l'Hégire (1658). Belle écriture disposée sur 2 colonnes à la page dans un encadrement à 2 filets d'or dissimulant très habilement le remontage des feuillets sur un papier très épais nuancé de teintes différentes.

Dix-sept miniatures dont 11 en parfait état de conservation et d'une très-bonne exécution. *En-tête* formant frontispice et tenant 2 ff. entiers, composition d'une extrême finesse représentant des ornements à fleurs sur fond *lapis-lazuli* rehaussé d'or. (Plusieurs Ex-Libris).

Manuscrit en bon état de conservation.

15. — SCHAH-NAMEH FIRDAOUSSI. — Conte en langue persane.

1 vol. in-4° (23×33) de 545 ff. — Reliure en veau. (Reliure fatiguée.)

Précieux manuscrit sur papier teinté du Japon. *Ecriture Talik très ancienne* (vers le XIVe siècle) disposée sur 4 colonnes à la page dans un encadrement à 2 filets d'or.

Sept splendides miniatures (*une miniature endommagée*) représentant des scènes de la vie persane. *En-tête* tenant 2 ff. entiers et formant frontispice, composition d'une finesse extraordinaire représentant des ornements à fleurs sur fonds de couleurs rehaussés d'or.

Sauf quelques mouillures, ce manuscrit est en bon état de conservation.

16. — CHESSI EDDYN-MOHAMED MIRZÉ EL MUSTERI. — Recueil de contes persans.

1 vol. in-12 (13×20) de 87 ff. — Reliure ancienne en maroquin bleu foncé à recouvrement porte-feuille. Plats ornés au recto d'ornements gaufrés placés aux angles et au milieu; le verso des plats doublé de maroquin brun avec application de fers dorés aux angles et au milieu. (Reliure intéressante.)

Manuscrit sur papier fort du Japon légèrement teinté. Très belle écriture *Talik* disposée sur 2 colonnes à la page, dans un encadrement à 2 filets bleu turquoise rehaussés d'or.

Neuf miniatures d'un très beau coloris. *Un en-tête*, tenant 2 ff. entiers et formant frontispice d'une très jolie composition.

17. — RECUEIL DE COSTUMES EUROPÉENS ET INDO-PERSAN, SCÈNES DE CHASSE, etc.

1 vol. in-f° (28×38) de 24 ff. — Reliure européenne du xvie siècle en maroquin rouge à filets d'or entourant un large liseré gaufré. — (Reliure fatiguée et détachée des ff.).

Manuscrit du xviiie siècle renfermant *48 miniatures* représentant des Personnages, des Costumes, des Scènes de chasse, des Motifs d'ornements, des Fleurs, etc. Toutes ces miniatures très finement exécutées sont habilement remontées sur du papier Japon de différentes teintes, chiné d'or et d'argent, rehaussées de motifs d'ornements et de filets formant encadrement.

Sauf 10 miniatures dont les figures ont été gratées et lacérées, l'ensemble de ce manuscrit est en bon état de conservation.

18. — LIVRE DE PRIÈRES en langue persane.

1 vol. in-12, (13×19) de 14 ff. — Très curieuse reliure en maroquin brun (patiné) dont les plats sont ornés aux angles et au milieu d'ornements dorés dans un liseré à torsades d'or formant encadrement.

Manuscrit sur papier fin du Japon, parcheminé et légèrement teinté. Très belle écriture disposée à la page en carrés rectangulaires croisés dont les espaces sont garnis d'arabesques d'or, le tout dans un encadrement à large liseré d'or. Très bel *en-tête* formant titre général composé d'ornements et de fleurs sur fond lapis lazuli rehaussé d'or.

Manuscrit en très bon état de conservation.

18 *bis*. — CURIEUSE RELIURE de format in-12 allongé (13×25) à recouvrement porte-feuille. Maroquin poli (brun), plats ornés aux angles et au milieu d'ornements dorés, rehaussés d'un liseré à torsades d'or formant encadrement.

19. — ALBUM AMICORUM. Recueil de documents et d'ornements persans. (*Dérelié*).

Manuscrit sur papier du Japon composé de 6 ff. in-4° (22×30). Belle écriture persane datant du commencement du xviie siècle, disposée sur deux colonnes à la page dans un large liseré formant encadrement et composé d'ornements divers du plus gracieux effet. La plupart des ornements sont découpés et appliqués sur les marges rapportés, en papier Japon de différentes nuances et chiné d'or. *Très bel en-tête*.

Manuscrit en bon état de conservation.

20. — MARIFET-NAMEH. — Divers traités de Sciences dont un attribué à IBRAHIM HADJI.

1 vol. in-12 (11 × 19) de 34 ff. — Reliure en maroquin poli (grenat) à recouvrement portefeuille. Ornements gaufrés sur les plats, gracieux encadrement à torsades en 2 tons d'or.

Manuscrit sur papier fin du Japon, parcheminé et légèrement teinté. Belle écriture disposée sur une colonne à la page dans un encadrement à filet rouge rehaussé de 2 filets d'or. — Le dernier traité contient quelques ff. possédant sur les marges des annotations et de curieuses figures géométriques. *En-tête* formant titre général et nombreux liserés d'or séparant les chapitres.

Manuscrit en bon état de conservation.

21. — RAUZHET UL AHBAB ou le jardin des amis. Biographie de MAHOMET et de ses disciples. Ouvrage en langue persane de DJEMAL UDDIN ATTA ULLAH (*fils de Fazil-Ullah-el-Chiraz*) composé à la demande du célèbre Vizir MIR-ALI-CHIR.

1 vol. in-f° (17 × 27) de 305 ff. — Reliure ancienne en maroquin noir à grains, ornements gaufrés et mosaïqués bleu, sur les plats. Le verso des plats doublé de maroquin rouge (patiné) et encadrement de 2 filets dorés.

Manuscrit sur papier du Japon écrit vers l'an 888 de l'Hégire (1486). Très belle écriture disposée sur une colonne à la page dans un encadrement à filet bleu rehaussé de 2 filets d'or. *En-tête* formant titre général composé d'ornements du plus bel effet.

Sauf quelques mouillures, ce manuscrit est en bon état de conservation.

22. — SCHAH NAMEH FIRDOUSSI. — Conte persan.

1 vol. in-8° (21 × 32) de 500 ff. — Reliure en maroquin noir à grains (fatiguée).

Précieux manuscrit, sur papier teinté du Japon. Écrit vers l'an 901 de l'Hégire (1499) disposée sur 5 colonnes à la page (*plusieurs ff. ont été habilement remontés*) dans un encadrement à double filet d'or.

Quatre-vingt-quatre jolies miniatures représentant des combats, des sacrifices, des jeux et de nombreuses scènes de la vie indo-persane. *En-tête* formant titre général, sur fond bleu turquoise rehaussé d'or.

18 miniatures sont sensiblement endommagées ainsi que quelques feuilles de texte légèrement mouillés. Autrement ce manuscrit est en bon état de conservation.

23. — DIVAN ou Recueil de quelques poésies du poète persan HAFIZ (*Mohammed-Chems-Eddyn*).

1 vol. in-f° (17 × 26) de 32 ff. — Reliure en maroquin brun glacé (Reliure fatiguée).

Manuscrit sur papier du Japon légèrement teinté. Belle écriture *Talik* disposée sur 2 colonnes à la page dans un encadrement à filets bleu turquoise et incarnat. *Joli en-tête* formant titre général et composé de gracieux ornements.

Ce manuscrit est en bon état de conservation.

24. — ALBUM AMICORUM. — Réunion d'autographes anciens de toute rareté, la plupart émanant des plus célèbres calligraphes et écrivains indo-persans.

1 vol. in-f° (25 × 35) de 21 ff. — Reliure ancienne en maroquin rouge ayant été ornée de pierres précieuses et dont les enchâssements ont été dissimulés par des applications de uirs de couleurs formant mosaïques (Reliure fatiguée).

Très précieux manuscrit, sur papier fort du Japon, chiné d'ors. Toutes les pages encadrées de filets d'or. Dessins, arabesques, rinceaux, fleurs, etc. sur les marges teintées de nuances différentes. *Splendide en-tête* formant frontispice composé de motifs d'ornements du plus bel effet.

Quelques ff. ont été très habilement remontés.

Cinq grandes miniatures de toute beauté et d'un fini extraordinaire représentant des personnages, des scènes de combat et de chasse. Autographes et ornements sur différents papiers découpés et collés à chaque page, dans une disposition du meilleur effet.

De nombreux autographes sont écrits sur les dessins.

Ce manuscrit est en parfait état de conservation.

25. — ALBUM AMICORUM. Réunion de Miniatures, de Dessins et d'autographes des plus célèbres artistes indo-persans.

1 vol. in-4° (20×29) de 35 ff. entièrement entoilés. — Reliure persane ancienne, plats en laque, ornés (recto et verso) de bouquets de fleurs encadrés de liserés formés d'une multitude de fleurettes d'un très-beau coloris.

Manuscrit unique, le plus précieux et le plus beau de ceux ayant composé la merveilleuse Bibliothèque du grand vizir *Ali-Pacha*.

Manuscrit persan très ancien, sur papier fort du Japon, légèrement teinté.

Quarante-six pages d'autographes émanant des plus célèbres écrivains persans. *La plus grande partie de ces autographes sont sur des papiers découpés et collés. Les applications, habilement dissimulées par des encadrements d'ornements, arabesques, rinceaux, entre-lacs, etc., sont sur des fonds de différentes nuances, rehaussés d'un triple encadrement en trois tons différents et séparés par des liserés formés d'une multitude* de petites fleurettes d'un coloris intense, *Quatorze* en-têtes, fleurons et culs-de-lampe composés d'arabesques et d'ornements d'une exécution et d'une finesse extraordinaire.

Trente quatre splendides miniatures et dessins signés pour la plupart des plus célèbres enlumineurs persans représentant des personnages, des costumes et des scènes de la vie persane. Quelques-unes de ces *Miniatures qui paraissent être exécutées par le même artiste sont de véritables chefs-d'œuvres. Ce sont des scènes remarquablement composées, pleines de vie et de mouvement et en général étonnamment exprimées. Le dessin est d'une finesse excessive et les figures sont dessinées avec une expression absolument extraordinaire.*

Sauf quelques miniatures légèrement endommagées, ce précieux manuscrit est en parfait état de conservation.

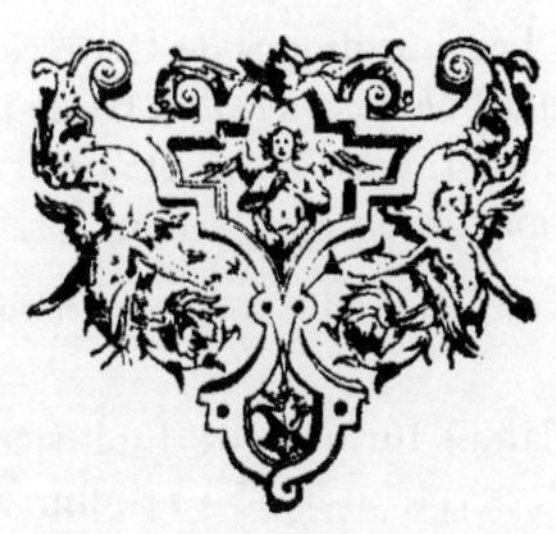

BIBLIOTHÈQUE

N.-B. — Sauf avis contraire, tous les ouvrages ci-après décrits sont complets et en parfait état de conservation, et aucune réclamation ne sera admise une fois l'adjudication prononcée.

1. — ALMANACH. Les Bucoliques de Cythère ou les travaux des bergers amoureux. *A Paris, chez Janet*, l'an III de la Rép. Franç. 1 vol. in-64 (4×6 1/2), rel. mar. rouge, dent. et orn. dor. sur les plats. (*Reliure ancienne dans un étui en mar. rouge.*)

Joli petit calendrier minuscule pour l'an III, orné de 1 frontispice et 10 fig.

2. — ARIOSTE. Orlando furioso, de Ludovico Ariosto. *Birmingham, Baskerville*, 1773, 4 vol. in-8 (15×24), fig., rel. mar. rouge, dos orn., fil. bord., dent. int., tr. dor. (*Rel. anc.*)

Edition ornée de 1 portrait par Eisen gravé par Ficquet et 46 fig. de Cipriani, Cochin Eisen, Greuze, Monnet et Moreau.

Quelques taches d'humidité.

3. — BLAISE DE VIGENERE. L'Histoire de Geoffroy de Villehardouyn, Mareschal de Champagne et de Roménie, etc., par Blaise de Vigenere. *A Paris, chez Abel l'Angelier*, 1585, 1 vol. in-4 (16×22) rel. moderne mar. grenat, dos orné, fil., dent. int. gauf. et dor., tr. dor.

4. — BOCCACE. Le Décaméron, illust. de Jacques Wagrez. *Paris, Launette*, 1890, 3 vol. in-8 (22×32), rel. mar. écrasé La Vallière, dos orn., fil. et ornem. sur les plats, dent. int., tr. dor.

5. — BOUFFLERS. Œuvres de M. le chevalier de Boufflers. *Londres*, 1782, 1 vol. in-16 (7×12), mar. rouge, dos orné, dent. et 3 fil. or sur les plats, tr. dor. (*Reliure ancienne.*)

6. — BREBEUF. Les Œuvres de M. de Brebeuf. *A Paris, chez Baptiste Loyson et Ribou*, s. d., 1 vol. in-16 (9×16), rel. veau fauve, dos orné, fil. bord., dent. int., tr. dor. (*Petit, succ. de Simier.*)

7. — CHENIER (Marie-Joseph). Poésies diverses de Marie-Joseph Chénier. *Paris, Maradan*, 1818, 1 vol. in-8 (13×20), rel. mar. rouge, dos orné, encad. et fil. dor. sur les plats, dent. int., tr. dor.

8. — COSTUMES ROMAINS militaires et religieux. Recueil de 42 planches enluminées, dessin. et grav. par Diosebj, Libérali, Marroni, etc., 1 vol. in-fol. (21×30), rel. vélin blanc, orn. dor. sur les plats, tr. dor.

9. — COURRIER (Le) de Pluton. *Cologne*, 1695. 1 vol. in-16. rel. moderne, mar. La Vallière, dent. int., tr. dor.

10. — DALIBRAY. La Musette (recueil de poésies). *A Paris, chez Toussainct Quinet*, 1647, 1 vol. in-12 (10×16), rel. mar. La Vallière, dos orné, fil. bord., dent. int., tr. dor. (*David.*)

11. — LABORDE (De). Choix de chansons mises en musique par M. de Laborde et ornées d'estampes en taille douce. *Rouen, Le Monnyer*, 1881, 4 vol. in-8 (18×28), demi-rel. chag. La Vallière à coins, tête dorée, ébarb. (*Bretault*).

12. — DELAUNAY. Essais chimiques sur les arts et les manufactures de la Grande-Bretagne. Traduit de l'anglais de Samuel Parkes par Delaunay. *Paris, Colas*, 1820. 3 vol. in-8 (13×21), rel. mar. rouge, dos orné, fil. bord., dent. int. gauf et dor., tr. dor. (*Rel. anc.*)

20 planch. en taille douce. — Exempl. portant l'ex-libris du maréchal Suchet, duc d'Albufera.

13. — DELILLE (J.). Les Georgiques de Virgile, traduites en vers françois par M. l'abbé Delille. *Paris*, 1784, 1 vol. in-8 (16×26), rel. mar. rouge, fil. bord., dent. int. gauf. et dor., dos orné, tr. dor. (*Rel. anc.*)

Exemplaire sur grand papier vélin.

14. — DELILLE (Jacques). Les Géorgiques de Virgile, traduites par Jacques Delille. *Paris, Bluet*, 1807, 1 vol. in-4 (27×37), rel. mar. rouge, dos or, fil. encad., bord. gauf. et dor., tr. dor.

Splendide portrait de Delille.

15. — FÉNELON. Les aventures de Télémaque, fils d'Ulysse, par M. de Fénelon. Avec fig. en taille-douce, dessinées par MM. Cochin et Moreau le jeune. *A Paris, de l'Imprimerie de Monsieur*, 1790, 2 vol. mar. rouge, dos orné, fil. bord., dent. int. gauf. et dor., tr. dor. (*Bozérian jeune*).

Quelques taches d'humidité.

16. — FLORIAN. Œuvres complètes avec figures. *Paris, de l'Imprimerie de Didot l'aîné*, 1784-1799. 20 vol in-16 (13×7 1/2), rel. mar. bleu, dos or., fil. bord., dent. int., tr. dor.

Exemplaire dans une reliure moderne armoriée. Plusieurs ouvrages, sont orn. de double suite de fig.

17. — FLORIAN. Œuvres de M. de Florian. Nouv. édit. ornée de figures et augm. de la vie de l'auteur, de Guillaume Tell et autres ouvrages inédits. *Paris, Dufart*, 1805, 11 vol. in-8 (13×21), rel. mar. rouge, dos orné, fil. bord., dent. int. gauf. et dor., tr. dor. (*Bozérian jeune*).

Edition ornée de figures avant la lettre.
Le tome 11 est incomplet des ff. 163 et 165. — Quelques taches d'humidité.

18. — FOÉ (Daniel de). La vie et les aventures de Robinson Crusoé par Daniel Defoé (sic). *Paris, Panckoucke, an VIII*, 3 vol. in-8 (14×22), 18 fig. grav. par Delignon d'après les dessins originaux de Stothart, rel. veau marb., fil. bord., dent. int. gauf. et dor., dos orné, tr. dor.

19. — GALARDI. La Tyrannie heureuse ou Cromwell politique... etc., par le Sieur de Galardi. *A Leyde chez J. Pauvels*, 1671, 1 vol. in-16 (7×12), rel. mar. vert, dos orné, fil. bord., dent. int., tr. dor. (*Reliure ancienne*).

20. — GODEFROY (Théodore). Histoire de Jean de Boucicaut, Mareschal de France, Gouverneur de Gennes..., etc., escripte du vivant du dict Mareschal et mise en lumière par Théodore Godefroy. *Paris, Pacard*, 1620, 1 vol. in-4 (18×25), rel. en veau, dos orné, fil., tr. dor. (*Rel. anc.*).

Exemplaire dans une reliure aux armes d'Hector Le Breton, sieur de la Doinneterie, Roy d'Armes de France.

21. — HISTOIRE du Roi Splendide et de la Princesse Hétéroclite, 1748, 1 vol. in-12 (9×17), rel. mar. rouge., dos orné, fil dor., tr. dor. (*Rel. ancienne*).

22. — HOMÈRE. Les XXIIII livres de l'Iliade d'Homère, prince des poètes grecs, traduicts du grec en vers *Faançois* (*sic*) avec les 3 premiers livres de l'odissée d'Homère. *A Paris, Abel L'Angelier*, 1599, 1 vol. in-12 allongé (7×16), rel. mar. bleu, fil. et dent. int., tr. dor. (*Reliure moderne*).

23. — KELLER (J. Christ.). Histoire de la mouche de nos appartements avec 4 planch. enluminées. Dessins donnés au public par Jean Christofle Keller peintre à Nuremberg. *Se trouve à Nuremberg*, 1766, 1 vol. in-fol. (23×33), rel. mar. rouge, dos orné, fil., tr. dor. (*Derôme*).

Reliure portant l'étiquette de Derôme.

24. — LA FONTAINE. Les Amours de Psyché et de Cupidon par J. de La Fontaine. Edition ornée de fig. imprim. en couleurs, d'après les tableaux de M. Schall. *Paris, Didot jeune*, 1791, 1 vol. in-4 (25×34), rel. veau marb., bord. et dent. int., dos orn., tr. dor.

Bel exemplaire.

25. — LA FONTAINE. Contes et nouvelles en vers par M. de La Fontaine. Nouv. édit. enrichie de fig. en taille douce. *Amsterdam, Pierre Brunel*, 1696, 1 vol. in-12 (9×15), rel. mar. rouge, dos orné, fil. bord., dent. int., tr. dor. (*Rel. mod.*).

Exemplaire court de marges.

26. — LA FONTAINE. Contes et nouvelles en vers avec fig., par M. de La Fontaine. *Paris, Plassan et Chevalier*, 1792, 2 vol. in-8 (12 × 18), rel. en mouton maroq. fauve, dos orné, fil. dor., dent. int., tr. dor. (*Pouillet*).

27. — LA FONTAINE. Contes de La Fontaine avec illustrations de Fragonard. (*Reimpression de l'Edit. Didot*, 1795). *Paris, Le Vasseur*, 1884, 2 vol. in-4, (24 × 32), dem.-rel. à coins. chag. rouge, dos orné, fil., tr. dor.

28. — LA FONTAINE. Fables choisies mises en vers, par J. de La Fontaine. *A Paris chez Desaint et Saillant-Durand*, 1755-1759, 4 vol. in-fol. (42 × 29), fig., rel. veau, dos orn., fil., tr. dor. (*Rel. anc.*).

Edition ornée de 1 frontispice par Oudry gravé par Cochin, de 275 fig. d'Oudry, redessinées par Cochin, et de culs-de-lampe gravés sur bois par Lesueur.

La figure de la fable : le Singe et le Léopard est avec l'inscription sur la banderolle. Deux témoins en bas de ff. au tom. III. Légère déchirure à 2 ff.

29. — LA FONTAINE. Œuvres posthumes de M. de La Fontaine. *A Paris chez Jean Pohier*, 1696, 1 vol. in-12 (9 × 16), rel. mar. bleu, dos orné, dent. int., tr. dor. (*Duru*, 1849).

30. — LANCRE (Pierre de). Tableau de l'inconstance des mauvais anges et démons ou il est amplement traicté de la Sorcelerie et Sorciers. *Paris, chez J. Berjon*, 1612, 1 vol. in-4 (16 × 23), rel. mar. vert, dos orné, fil., tr. dor. (*Rel. décollorée*).

31. — LORRIS ET DE MEUNG. Le Roman de la Rose, par Guillaume de Lorris et Jean de Meung, dit Chopinel. *Paris, Fournier (Imprimerie de Didot jeune)*, an VII, 5 vol. in-8 (16 × 26), fig., rel. veau fauve, dos orné, fil. bord., dent. int., tr. dor. (*Ex-Libris à chaque volume*).

Edition ornée de 1 portrait et de 3 fig. de Monnet gravés par Patas. Le 5ᵉ volume a pour titre : Supplément au Glossaire du Roman de la Rose.

Quelques taches d'humidité.

32. — MAROT (Clément). Les Œuvres de Clément Marot de Cahors, valet de chambre du Roy. *La Haye, chez Adrien Moetzens*, 1700, 2 vol. in-16 (7 × 13), rel. veau, dos orné, fil. int., tr. dor.

33. — MÉTAMORPHOSES de Melpomène et de Thalie ou caractères dramatiques des comédies française et italienne. *A Paris, chez l'auteur*, s. d. (1780), 1 vol. in-8 (14×21), rel. mar. roug,e dos orné, riches ornem. et enc. dor. sur les plats, tr. dor. (*Rel. anc. remboîtée*).

Recueil de 1 titre et 23 pl. enlum. et dess. d'après nature par Whirsker.

34. — MONTAIGNE. Les essais de Michel seigneur de Montaigne. Edit. nouv., prise sur l'exemplaire trouvé après le deceds de l'autheur. *A Paris chez Abel L'Angelier*, 1598, 1 vol. in-8 (13×21), rel. moderne, dos orné, mar. rouge, ornem. et fil. dor., sur les plats, dent. int., tr. dor. (*Thibaron*).

35. — MONTESQUIEU. Le Temple de Gnide. Nouv. édit. avec fig. grav. par N. Le Mire d'après les dessins de Ch. Eisen, le texte gravé par Drouët. *Paris, chez Le Mire*. 1772, 1 vol. in-4 (20×27), rel. mar. viol. dos orné, dent. int., tête dor., ébarb. (*Rel. mod.*).

Exempl. illust. de 1 titre, 1 front. renfermant le portrait de Montesquieu et 9 fig. d'Eisen. Bel exemplaire.

36. — OVIDE. Métamorphoses d'Ovide en rondeaux, avec fig. imprimés et orn. de figures. *A Paris, Imprimerie Royale*, 1676, 1 vol. in-4 (21×28), rel. mod. en veau bleu glacé, dos orné, fil., dent. int., tr. dor.

37. — OVIDE. Métamorphoses d'Ovide en rondeaux, imprimez et orn. de fig. *Amsterdam, Abraham Wolfgang*, 1679, 1 vol. in-12 (9×17), rel. en veau, dos orné, fil. dor. à compart., ornem. et rinceaux sur les plats, tr. dor. (*Reliure ancienne*).

38. — OVIDE. La vita et metamorfoseo d'Ovidio. *A Lione par Giovanni di Tornes, nella via Resina*, 1559, 1 vol. in-12 (11×17) orné de fig. et d'encadrem. variés sur bois, à chaque page. Rel. veau La Vallière, dent. et fil. int., tr. dor. (*Reliure moderne*).

Edition renfermant les mêmes fig. et les mêmes bordures que celles employées dans l'Edit. française de 1557, dues à Bernard Salomon dit le Petit Bernard.

39. — OVIDE. La vita et metamorfoseo d'Ovidio. *A Lione per Giovanni di Tornes, Typographo Regio*, 1584, 1 vol. in-12 (11×17), orné de fig. et d'encadrem. sur bois, à chaque page. Rel mar. citron, dos orné, fil. bord., dent. int., tr. dor. (*Reliure moderne*).

Ex-Libris du comte François de Potocki.

40. — PARNY (Evariste). Œuvres choisies augmentées des variantes de texte et de notes. *Paris, Lefèvre*, 1817, 1 vol. in-8. (14×22), rel. mar. rouge, dos orné, fil. bord., dent. int. gauf. et dor., ornements gauf. et dor. sur les plats, tr. dor. (*Rel. anc.*).

41. — PASCAL. Pensées de M. Pascal sur la religion et sur quelques autres sujets. *A Paris, chez Guillaume Desprez*, 1670, 1 vol. in-12 (16×8 1/2), rel. mar. vert, dos orné, fil. bord, dent. int., tr. dor. (*Chambolle-Duru*).

42. — PASSE-PARTOUT (Le Galant) par un chevalier de l'Ordre de la Gibecière. *Constantinople*, s. d., 1 vol. in 16 (7 × 13), rel. mar. rouge, dos sans nerfs et orné de feuillages dor., fil. bord. dent. int., tr. dor. (*Reliure ancienne*).

43. — PLANTES DU ROY. — 3 vol. in-plano (65 × 44 1/2), rel. mar. rouge, dos orn., fil. bord., dent. int. (*Rel. ancienne.*)

319 Pl. (sans titre) dess. et grav. par Bosse, Chastillon, Robert, etc. (Classement alphabétique de A à V).

Exempl. dans une reliure aux Armes Royales avec l'inscription suivante en lettres dor. appl. sur chaque vol. : Donné par le Roy à M. de Miromesnil, garde des sceaux de France en 1786.

44. — POÉSIES sur la Constitution unigenitus. *A Villefranche chez Belhumeur*, 1724, 2 vol. in-12 (11 × 18), rel. mar. rouge, dos orné, fil sur les pl., dent. int., tr. dor.

Reliure de Derôme.

45. — PROCÉS-VERBAL des conférences sur le code criminel en 1670. Curieux manuscrit bien écrit de 269 ff. 1 vol. in-8 (14 × 22), rel. mar. rouge, dos orné, fil. et ornem. dor. sur les plats, dent. int., tr. dor. (*Rel. ancienne.*)

46. — RABELAIS (François). — Les Œuvres de M. François Rabelais, docteur en médecine. — S. L. (Amsterdam, Louis et Daniel Elzévier), 1663, 2 vol. in-16 (7 1/2 × 13), rel. mod. mar. rouge, dos orné, compart. et larg. dent. sur les plats, fil. bord., tr. dor. (*Chatelin*).

47. — RABUTIN (François de). — Convention des dernières guerres en la Gaule Belgique entre Henry second du nom et Charles V empereur, et Phillippes son fils, Roy d'Espaigne..., etc., par François de Rabutin. *A Paris, chez Loqueneulx*, 1579, 1 vol. in-12 (10 × 18), rel. mod. en veau bleu, dos orné, fil. sur les plats, dent. int., tr. dor.

48. — RACINE. — Athalie, tragédie tirée de l'Ecriture sainte. *Paris, Claude Barbin*, 1692, 1 vol. in-12 (8 1/2 × 15), rel. mar. rouge, dos orné, fil., dent. int. (*Thibaron.*)

49. — RACINE. — Esther, tragédie tirée de l'Escriture Sainte. *Paris, Barbin*, 1689. 1 vol. in-12 (9 × 15), rel. mar. rouge, fleurons et orn. sur les plats, dent. int. tr. dor. (*Belz-Niedrée.*)

50. — RACINE. — Œuvres de Racine. *A Paris*, 1680, 2 vol. in-16 (9 × 15), rel. moderne en chag. rouge, fil. sur les plats, dent. int., dos orné, tr. dor.

Exemplaire court de marges.

51. — REGNARD. — La Sérénade, comédie. *Paris, Thomas Guillain*, 1695. 1 vol. in-16 (14 × 8), rel. mar. rouge, dos orn., fil. bord., dent. int. (*Rel. mod.*)

52. — RETOUR (Le) de Jacques II à Paris, Comédie. *Cologne, chez Pierre Marteau*, 1696, 1 vol. in-16 (6 1/2 × 13), rel. veau, dos orné, fil dor., tr. rouge ant.

Exemplaire dans une reliure aux armes du duc de Duras.

53. — ROSSET (De). — L'Agriculture, poème en 9 chants, orn. de fig., en 2 parties, par de Rosset. *A Paris, de l'Imprimerie Royale*, 1774, 1 vol. in-4 (19 × 26), rel. mar. vert, bord. fil., dos orn., tr. dor.

Ex-libris du comte François Potocki.

54. — ROUCHER. — Les Mois, poème en 12 chants avec fig. par M. Roucher. *Paris, Quillan*, 1779, 2 vol. in-4 (19 × 29), dem.-rel. veau rac., dos orn., tr. dor.

Exemplaire contenant les vers (T. II, p. 159), supprimés par la censure, en 1779.

55. — SAINT-AMANT. — Les Œuvres du sieur de Saint-Amant. *Imprimé à Orléans et se vendant à Paris chez Guillaume de Luynes*, 1661, 1 vol. in-12 (8 1/2 × 15 1/2), rel. mar. rouge, dos orné, dent. bord., fil. encadr, tr. dor. (*David.*)

56. — SAINT-GILLES. La Muse mousquetaire. Œuvres posthumes de M. le chevalier de Saint-Gilles. *Paris, Guillaume de Luynes*, 1709. 1 vol. in-16 (9 × 17), rel. mar. rouge, dos orné, fil. et bord. gauf. et dor., tr. dor. (*Raparlier.*)

57. — SAINT-PIERRE (Bernardin de). — Paul et Virginie (suivi de la Chaumière indienne), *Paris, L. Curmer*, 1838, 1 vol. in-8 (17 × 27), rel. veau La Vallière, fil. encad., dos orné, tr. dor. (*Trodel.*)

Les gravures sur chine sont avant la lettre (les légendes sur papier de soie). Le portrait du docteur placé en tête de la Chaumière indienne est celui dessiné par Meissonier, gravé par Pigeot (il est avec la lettre).

58. — SAINT-USSANS. — Billets en vers de M. de Saint-Ussans. *Paris, Jean Guignard et Hilaire Foucault*, 1688, 1 vol. in-12 (8 × 15), rel. modern. mar. bleu, dos orné, fil. bord., dent. int., tr. doré (*Thibardon-Joly.*)

59. — SATYRE MÉNIPPÉE. De la vertu du catholicon d'Espagne et de la Tenue des estatz de Paris, S. L., 1593, 1 vol. in-12 (10 × 16), rel. moderne. maroq. rouge, dent. et fil. int., tr. dor.

60. — SATYRE MÉNIPPÉE. De la vertu du catholicon d'Espagne. *A Ratisbonne chez Mathias Kerner*, 1664, 1 vol. in-16 (7 × 13), rel. mar. rouge, dos orné, fil, dent. int., tr. dor. (*Reliure ancienne*).

61. — SCARRON. — Le Roman comique de M. Scarron, *Amsterdam*, 1691, 1 vol. in-16 (7 × 12), rel. mar. rouge, dos orné, fil. bord., dent. int., tr, dor. (*Reliure moderne.*)

62. — TASSO. — La Gérusalemme liberata di Torquato Tasso. *In Parigi, 1771, appresso agostino Delalain*, 2 vol. in-8 (14×22), frontispice, fig., vign. et fleurons de Gravelot. Rel. veau marbré, dos orné. fil., tr. dor.

Déchirures à quelques feuillets.

63. — TEXTOR (Benoit). — De la manière de préserver de la pestilence et d'en guérir, selon les bons autheurs. *A Lyon par Jean de Tournes et Guil. Gazeau, 1551*, 1 vol. in-12 (11×17), rel. mod. maroq. La Vallière, orn. gauf. fleurs, dent. int. tr. dor. (*Chambolle-Duru*).

64. — VILLARS (abbé de). De la délicatesse. *Paris, Claude Barbin*, 1671. 1 vol. in-16 (9×16), rel. mar. rouge, dos orné, dent. int., tr. dor. (*Duru, 1851*).

65. — VILLON (François). Les Œuvres de François Villon. *A Paris, chez Antoine Urbain*, 1723, 1 vol. in-12 (9 1/2×16), rel. mar. rouge, dos orné, fil. bord., dent. int., tr. dor. (*Rel. ancienne*).

Exemplaire dans une reliure aux armes de Marie-Leczinska.

66. — VOLTAIRE. — La Henriade, poème de Voltaire orné de fig. de Desenne (avant la lettre). *Paris*, 1825, 1 vol. in-16 (8 1/2×14), rel. mar. rouge, dos orné, ornem. et fil. gauf. et dor. sur les plats, bord. fil. dent. int., tr. dor. (*Reliure ancienne*).

67. — ZACHARIE. — Les quatre parties du jour, poème trad. de l'allemand par Zacharie. *Paris*, 1769, 1 vol. in-8 (13×21), 4 fig. et 1 frontisp. d'Eisen, rel. moderne en mar. vert, fil. sur les plats, dent. int., dos orné, tr. dor.

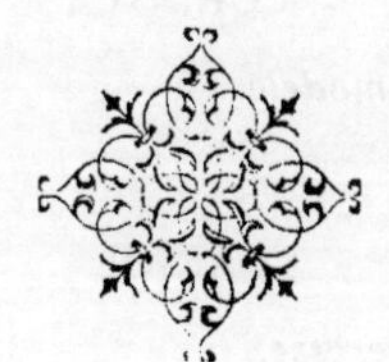

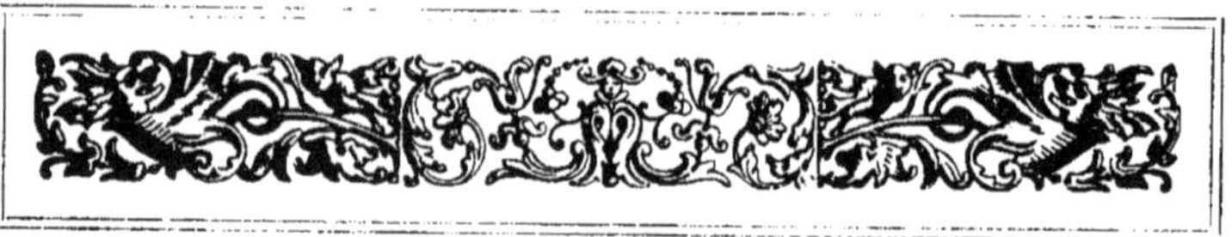

TABLEAUX

ANCIENS ET MODERNES

BOUFFAR (A.)

1. — *La Rentrée du chasseur.*

CALLET (Attribué à)

2. — *Portrait de jeune fille.*

Vêtue à l'orientale, en robe blanche et mantille bleue, tenant dans ses bras deux tourterelles.

Toile.

CORDOVA

3. — *L'Artiste et son modèle.*

Toile.

DARJOU

4. — *Prise d'une forteresse.*

Épisode de la guerre d'Autriche.
Importante toile.

DECKER

5. — *Nausicaa et ses servantes.*

Toile.

DELPY (H.-J.)

6. — *La Seine à Saint-Pierre-du-Vouvray.*

DUMOUY

7. — *Etangs avec barque dans le parc d'un château.*

CEULEN (Van)

(1590-1665)

8. — *Portrait d'homme.*

Grandeur nature, vu à mi-corps, en habit noir, col de gaze blanche.

Il tient son chapeau de la main droite, le poing gauche appuyé sur une table. Ecusson dans l'angle supérieur droit.

Panneau.

FRAGONARD (Attribué à)

9. — *Scène mythologique.*

FRANÇAIS (François-Louis)

10. — *Enfants sous bois.*
Signé et daté 57.

HOBBEMA (Attribué à)

11. — *Paysage.*

KESSEL (Jean Van)

12. — *L'Arche de Noé.*

LONGUET (Alexandre-Marie)

13. — *Enfants portant des fruits et des fleurs.*
Signé et daté 1850.

LUMINAIS

14. — *Paysage de Bretagne.*
Avec troupeau de moutons, aux environs d'Auray.

MARTIN (Pierre-Denis)

15. — *Scène de bataille.*

MIGNARD (Ecole de)

16. — *Portrait de jeune femme.*

Les cheveux frisés, en corsage gris enrichi de perles et pierres de couleur.
Toile.

MIGNARD (Ecole de)

17. — *Portrait de femme.*

Les cheveux châtains retombant en boucles sur ses épaules décolletées, corsage noir et manteau gris.
Toile.

MULLER (J.)

18. — *Paysage avec lac.*

Grande toile.

MURILLO (Ecole de)

19. — *Saint Antoine de Padoue.*

NEER (Attribué à Van der)

20. — *Paysage de Hollande.*

Effet de lune sur un canal avec barque; sur les rives, moulins et cavaliers.
Panneau.

OSTADE (Attribué à Isaac Van).

21. — *La Plage de Scheveningue.*

OUDRY (J.-B.)

22-23. — *Gibier mort au pied d'un arbre dans un paysage.*

Deux pendants.
Toile, signée et datée, 1739.
Cadre en bois sculpté et doré.

PALAMEDE (Attribué à).

24. — *Petit portrait de jeune homme.*
En habit noir et col de dentelle blanche.
Panneau.

PANINI (Jean Paul).

25. — *Ruines et personnages.*

PÉREZ (BARTOLOMÉ).

(1634-1693)

26-27. — *Vases de fleurs posés sur une console de pierre.*

Deux pendants sur toile.
Signées datées, 1666.

RUBENS (Ecole de).

28. — *L'Enlèvement de Déjanire.*

RUYSDAEL (Genre de).

29. — *Petite marine avec navires, par un gros temps.*

Toile.

SCHEFFER (ARY).

30. — *Belisaire.*

Toile.

VÉLASQUEZ (Ecole de).

31. — *Portrait d'Isabelle de Castille.*

VINCKEBOOMS (Attribué à).

32-33. — *Festin dans le parc d'un château et, sous une charmille, réunion de personnages se reposant.*

Deux pendants.
Panneaux.

WASHINGTON

34. — *Fête publique sur la place d'une ville maritime, en Orient.*

Importante composition.
Toile.

WARDLOW-LAING

35. — *Enfant nu, couché sur la grève.*

Aquarelle datée 1886.

VOLLON

36. — *Paysage.*

ÉCOLE ANGLAISE

37. — *Portrait de jeune fille brune.*

Demi corps, grandeur nature, vêtue d'une robe blanche, tenant des fleurs, fond de paysage.
Toile.

ÉCOLE FLAMANDE

38. — *Portrait d'un officier.*

ÉCOLE FRANÇAISE

39. — *Les Quatre Arts.*

Petite toile.

ÉCOLE FRANÇAISE XVIIIe SIÈCLE

40. — *Portrait de femme.*

Les cheveux poudrés ornés d'un ruban bleu : vêtue d'un corsage jaune à rayures et nœud de ruban, manteau rouge.
Toile.

ÉCOLE FRANÇAISE XVIIIe SIÈCLE

41. — *Portrait de jeune femme.*

Cheveux chatains, corsage vert.
Toile.

ÉCOLE FRANÇAISE

42. — *Portrait de femme.*

En corsage de soie marron, parée de bijoux : les cheveux poudrés.
Toile.

ÉCOLE HOLLANDAISE XVIIIe SIÈCLE

43. — *Portrait de femme brune.*

Les cheveux retombant sur les épaules, décolletée.
Cadre en bois sculpté doré. Époque Louis XIII.

ÉCOLE HOLLANDAISE

44. — *Chanteur ambulant.*
Toile.

ÉCOLE HOLLANDAISE

45. — *Gibiers et poissons.*
Toile.

ÉCOLE ITALIENNE XVIIe SIECLE

46. — *Paysages d'Italie.*

Avec temples, cours d'eau et personnages.
Deux pendants.
Toiles.

ÉCOLE ITALIENNE

47. — *Sermon sur la montagne.*

ÉCOLE ITALIENNE

48. — *La Vierge, l'Enfant-Jésus et une Sainte.*

ÉCOLE ITALIENNE

49. — *Le Christ bénissant.*

ÉCOLE ITALIENNE

50. — *Un homme en buste.*

ÉCOLE ITALIENNE

51. — *Reunion de personnages.*

Assis ou couchés sur un tapis d'Orient, sous un dais à bord d'une barque.
Toile.
Cadre ancien en bois sculpté doré.

ÉCOLE ITALIENNE

52. — *Boucs couchés au pied d'un arbre dans un paysage avec ruines.*

Toile.

ÉCOLE MODERNE

53. — *La Jeune fille au chapeau de paille.*

ÉCOLE MODERNE

54. — *Episode de la guerre Franco-Allemande.*

Esquisse.

55 à 60. — Six toiles non décrites.

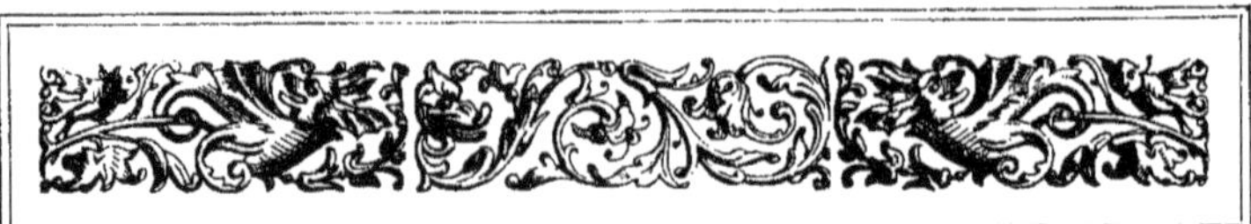

MARBRES-BRONZES

OBJETS D'ART

1. — Les Trois Grâces.

Groupe marbre grandeur nature exécuté d'après Canova, par Balfray (Voir la gravure au verso de la couverture.)

2. — Offrande à Bacchus.

Marbre. Haut. : 0m75, signé Carrier-Belleuse.

3. — Bacchanale.

Groupe marbre, haut. 0m60, signé Carrier-Belleuse.

Épreuve unique dans cette dimension; une épreuve plus petite se trouve au Musée de la Ville au Petit Palais.

4. — Hébé.

Statuette marbre, haut. 0m80, signée Carrier-Belleuse.

5. — Eurydice.

Statuette marbre, haut. 0m55, signée Carrier-Belleuse.

6. — Psyché accroupie.

Statue bronze grandeur nature, par Charles Laurent.

7. — Objets omis.

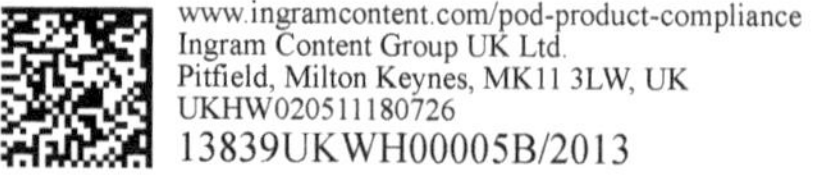
www.ingramcontent.com/pod-product-compliance
Ingram Content Group UK Ltd.
Pitfield, Milton Keynes, MK11 3LW, UK
UKHW020511180726
13839UKWH00005B/2013

9 782329 515724